JN418962

몸 이별

몸 이별

이충재 시집

문학의전당

自序

참으로 많이 인생을 앓았던 것 같다. 그래서 사람들이 귀하다는 것과 삶이 소중하다는 것을 알게 되었다. 그러나 언제나 시인에게는 이 세상무기로는 결코 행복할 수 없다는 숙명 혹은 하나님의 섭리 같은 양식을 먹고 존재하는 까닭에 어쩔 수 없이 순전한 영혼과 진실된 마음과 가난한 일상적 모습을 가지고 접근할 수밖에 없음을 발견하게 된다. 이렇듯 낮아질 때, 시적 언어는 위로와 용기와 사랑과 행복의 산물로 다가와 공평한 인생살이하는 데 도움을 주었음에 감사의 언어 하나 파종을 한다. 모든 사람들이 이 파종의 밭에서 넉넉한 수확을 경험하였으면 하는 소망을 담아서 작은 시집을 엮는다.

2010년 11월

이충재

| 차례 |

1부 봄의 서정

2부 중년中年의 거리

3부 가을의 이동

4부 몸 이별 그 이후

1부 · · · 봄의 서정

나무의 언어

몸통이 쩍 하고 터지면
신호음 한 번 길게 울리고
가지마다 낱말과 기호들이 일제히
물구나무 선다

밤의 대지를 쑤시며 핥으며
누군가의 발끝에 매달려 넘는 고갯길은
몇 리를 더 가야 가볍게 몸을 숨길
숲이 있으려나 싶다

질긴 바람이 눈길 한번 주지 않는 자유 앞에서
흐느껴 울기만 하는 영혼
같은 병을 앓으며 언덕 오르면
지금까지 내통해 온 언어를 쏟아 놓느라 정신이 없다

비장한 몸짓
바람을 껴안고 낙상을 서두르는
한 그루 오랜 지기
목숨 산화되어도 떠나지 않고 지켜 줄 넋

꿈의 속도

밥공기의 양을 가늠하기 전
밥상 위에 떨어진
어머니, 아버지의
떡잎 같은 주름을
슬픈 눈짓으로 헤일 줄 아는
하나의 방법을 익혀야만 했다

나무를 사랑하지 않고서
잎 사이 거리를 재며 입맞춤하는 햇살
서로를 세워주지 않고 사랑한다는 말은
도살장으로 끌려가는 소의 되새김질이다

밥을 먹는 기쁨을 배우기 전
밥알에 섞여 목구멍으로 넘어가는 아픈 기억을
마음의 눈
심장의 울림
영혼의 우물가를 흐르는 샘으로
느껴야만 한다

길 위에 서면

바람보다도 더 빠른 꿈의 속도를 향한 감각
저 멀리 달아나는 그 찰나 앞에서
우리는 무엇으로 남아 소리 없이 흔들릴까

동행

대열에서 이탈하는
이들의 이름을 불러본다
녹슨 날을 가슴에 품고 춤을 추는 이의
억센 손을 잡아본다
자판 위에 안개꽃 같은 암호를 풀어내고
한 잔의 맥주를 마시며 주정부리는 사내와 마주 앉은
선술집

우리는
애증의 오랏줄을 서로의 목에 걸어 당기며
막장과도 같은 생의 터널을
힘겹게 걸어서 가고 있다

낯선 골목 길
언덕을 숨 가쁘게 오르고서야 비로소
조급증을 앓고 피어난 목련을 맞는 경이로움은
한 계절 내내
천덕꾸러기 같은
겨울 햇살이
끊임없이 새처럼 주둥이질을 해 온 까닭이다

어깨를 내어 주면서 걸어도 버거운 세상
누가
한 편의 실루엣을 연출하겠는가
목구멍 깊은 곳으로 생수를 밀어 넣어 주겠는가

봄의 서정

비
비껴 앉은 날 아침
퉁퉁 불은 젖가슴을
새끼 바람이 빨고 있다

햇살이
톡 건드리고 달아나면
오롯한 유두에
진홍색 핏물이 일다

날 저물녘
옷 고쳐 입기까지
상수리나무가 일제히 숨을 몰아쉬며
남근을 세우느라 정신이 없다

발가벗고
드러눕는 일이 다반사인
이슬로도 약이 되는 계절
가로수 잎 흔들림에 의미부호는 저마다 찬란한 빛을 발한다

장미와 더불어

길모퉁이
늙은 향나무 허리집고 서서 먼 산 보는
곁
흐드러지게 핀 붉은 너의 정체

모르고 입 맞춘 것도 아닌데
온통 가슴에는 핏물이 일어
속
입을 여는 곳마다 선홍색 사연 토악질이다

유난히 짧은 계절 한 마당
심술궂은 세월의 변절인가
올
한 해는 너를 만나지 못할 줄로만 알았다

온 가슴 네 가시에 찔려도 좋다
밤을 새워 내 그대를 안고 잠들리라
찬
돌담 위에서 고뿔 걸려도 그대 곁에서 새벽을 맞을 일이다

꽃

무심한 연무
옷깃 풀어놓고 이내 돌아가는 텅 빈 골목 안을
고만고만한 바람 녀석들이 모여 소꿉 장을 열었다

햇살 진득하게 머물러가기보다는
온기 한 종지 덜어주고 가는 일이 전부인데
어느새 대궁은 꽃 한 송이 낳았다

텅 빈 마음 둘 곳 잃어
바람 따라가 기웃거려 보는 골목 안 소꿉 장터
누이 닮은 꽃 한 송이 재롱을 부린다

삶이 외롭다던 사내
창문을 열고 엿본다
눈길 빼앗지 않을 것 없는 꽃 한 송이 황홀하다

꺾어 심은 나무

인적 드문
외길
바람이 지나다가 허리를 편다

온기가 남아있다
태양을 핥다가 낙화한 공기 방울처럼
혈관 안으로 통로를 내며 생명을 흘려보내고 있다

삶의 역류를 위해 꺾어 심은
한 그루 나무
밤사이 꽃을 피우고 열매를 품어 안았다

꺾어 심은 나무여
네 성긴 종아리와
가슴언저리에 파랗게 맺힌 멍 또한 꽃이라 하느니

지천으로 날리는 것이 아닌
땅거미 짙게 내린 뒷벌로 밀려서 오는 우리의 슬픈 미소
바람을 만나 지치다가 중심 잃은 몸짓 또한 짙은 향기다

선생님이시다

손등을 물어뜯고 싶을 때가 있다
머리를 돌처럼 마구 굴리고 싶을 때가 있다
피 터지지 않으면
쑥 이파리 짓이기듯 벽면에 쿵쿵 쳐 박고 싶다
영문 모를 언어를 지껄이고 싶다

손등 위에 난
상처를 보고서야
내 안에도 이같이 터지고 싶은 열망이
할퀴고 싶은 자폐증상이 있음을
잊고 살아온 내게 너는 영락없는 선생님이시다

새침데기로
중언부언 기도 줄 잡는다 하고
성서를 뒤적이다가 죄목을 발견하고도
천사인 양 미소로 진실을 포장하고 돌아서는
우리는 얻어 터져야 정신 차리는 별종이다

가장 흠 없이 살아온 이
아침, 밤

허물을 한 겹 두 겹 벗겨 물을 짜내며
세상으로 내보내는
어머니 닮은 초등학교 1학년 담임선생님이시다

삼거리

옥수수 대 웃자란
삼거리를 걷는다
하늘에 쌓인 별을 받아낸다던
예봉산 초입 어룡부락 고개 너머 길
미친 사내가 휘둘렀다는 낫에
허리 찍힌 느티나무 길이 손을 맞잡고 있다

비밀을 숨기기라도 하듯
예봉산 고개 너머 길을 오른다
막걸리 주점이 가랑이를 벌리고
입에 넣고 한참을 걸어도 녹지 않는
눈깔사탕 가판대가 주인을 잃은 모양이다
초가집 돌담에 할머니의 흰 머리카락이 박혀있다

냇가 상류를 타고 역류하고 싶어질 때면
길이 끊기는 지점까지 걸어본다
미친 사내의 시퍼런 낫에 또 잘려나간 곳이 있다
어머니는 개울 건너엔 얼씬도 말라 하셨다
꼭 한 번은 그 이유를 밝히고 싶어
바싹 늙어가는 냇가 돌다리를 밟는다

가재와 새우의 더듬이가 물풀대궁에 박혀있다
시퍼런 낫에 찍혔던 느티나무 허리가 반 남아 꺾였다
어쩌다 마을버스가 거친 하품을 토하며 지나고
돌 비위에 홀로 앉았다가 바람과 장난을 치는 내내
그리움은 옥수수 밭 깊이 숨어버린다
앵두나무 가지 겨우 몸을 흔들면 마을은 옷을 고쳐 입는다

붓꽃

혼자 저만치 떨어져
젖가슴을 물리며 하늘을 향하고 있다
뽕나무 그림자만 어른거린 것뿐인데
연미복 입고 나와서
언덕 아래를 향해 연신 혼자 말을 해댄다

서로 사랑하셔요
물앉았다가 돌아선 자리에 아랫도리를 담그고
가만가만 속삭이는 말
겨우 풀 섶에 떨어진 햇살 조각을 주어먹었을 뿐인데도
얼굴 한 번 찡그리지 않는다

인적 떠난 지 오랜 세월
집 한 채 짓지 않고 살아온 것을 보면
남은 생은 욕심 없이도 살 수 있겠다
외딴 곳 홀로 머물러 있으면서도
아우성 않고 제 영역에서 애인인 양 다소곳하다

詩

시는
꽃을 닮은 사람들이
가슴 주머니 속에 담아두고 이따금씩 꺼내보는 수정알이다

시는
가시덤불을 헤집고 봉우리를 오르는 사람들이
집고 일어서는 지팡이다

시는
타액과 같은 언어를 남발하는 사람들에게는
한 모금으로도 목숨을 해하는 독이다

시는
이무기가 지나는 길목의 부비트랩이고
그놈들의 목을 걸어 천장에 매달아 올려야 할 오랏줄이다

시는
때론
면상에 들이밀고 마구 지저댈 인두다

강풀

풀은
철철 넘치는 강물을 품고 살면서도
허겁지겁 물을 삼키는 법이 없다
입술만을 담갔다가 떼어내는
박새도 왔다가 놀라 돌아가는
목만 겨우 축였을 뿐인데 저토록 목숨을 부지하고 사는 이유는
강이 있어서다

풀은
밤이 이슥하도록 강변을 벗어나지를 않는다
사람이 찾아와서 그냥 흘리고 돌아간 것뿐인데
연인이 있고
아비가 있고
가난한 사내의 떨어져 나간 옷자락이 둥둥 떠가는
어느 것 하나도 슬픔 없이 장만한 살림살이 아닌 것이 없다

풀은
사람들 마음의 언어까지도
속속들이 들을 줄 아는 천 개의 귀를 가졌다
사람이 돌아간 후 일제히 강변에 나와 귀를 말끔히 씻는다

어쩌다 바람을 쏘이기 위해 나온 이에게 들켜 버리면
강 건너 애인의 집 창을 두드리는 흉내를 낼 뿐
돌아간 뒤 강 물결 일어 찰랑찰랑 귀 씻어 줄 채비를 한다

강 마을

그리운 것은
다들 모여 살아야 직성이 풀리나 보다
강변엔
신혼살림을 차린 것들 투성이다

망초꽃
버드나무
키 큰 오동나무 한 그루 멀찍이 서서 교통정리를 하고
코스모스도 어렵사리 한 자리 잡고 앉아서 살림살이를 푼다

어찌 이뿐이랴
강 건너 뉘 집 해바라기로 일생 살아온 망부석도
홀아비로 마을 주민이 되었다
기계들이 굉음을 내며 달려도 끄떡 않고 그 자리를 지킨다

시인에게 주어진 것은 거류민증
마음에 그리움이 밀려서 오거나
사내의 숨소리가 그녀 턱까지 차오를 때면
길목 빈 의자 위에 누웠다 돌아가도 딴지 걸지 않는다 했다

강변 산책

이글이글 타오르는 태양
챙 달린 밀짚모자로 가리우고
작두 날 세워 웃자란 들풀 머리를 다듬는다
풀 섶에 기생하는 생명 가진 것들 머리에 상처 날까
조심조심 내딛는 발자국에 걸려 넘어가는
가난한 생계형 노구老軀

비구름 가득 덮인 깊은 밤
강변을 거닐다 만난 그리운 얼굴들
노숙자 되어 드러누웠다

이름 가진 자
언어를 가지고서도 소통의 맥이 탁탁 막히는 시대
모처럼 바람이 분다
자전거 페달을 밟고 나설 때 휘청거리는 초속
비릿비릿한 풀내음
메뚜기 여치와 더불어 노숙자가 되어도 좋을 시간이다

달맞이꽃

언제 왔노
비 내리는 밤
강변의 살림들은 다들 올라와 도로 위에 잠드는데
홀로 두고 떠나온 너의 아랫도리가
마음에 걸려 잠들 수가 없다

라이트를 켜라
너의 머리 위에는 한 점의 등을 켜드는 이가 없구나
달 밝은 밤이어야 숨을 고르는데
어인 일이냐
며칠 몇날 내리는 비가 지지리 못났다

언덕에 개미집을 짓고
몇 날을 동거하면서 지켜주는 반딧불이 앞에서
목숨 다하기까지 웃는 일이 너의 일이라면
너의 혼을 몰아 시를 쓰는 일을 또한 사명으로 여길 터
이제는 거친 숨 몰아쉬지 말고 잠들라

네 이름만큼
머물다 돌아간 자리가 아름다워

매일 길을 거닐 때마다
취해 돌아오지만
돌아와 자리에 눕는 일이 이토록 힘에 겨울 줄이야

호우好雨

잇몸 퉁퉁 불어 터
제대로 씹지도 못하는
대지 위에 양분을 공급하고자
지난 하루 종일 불가마인 양 지구를 덥혔다

수혈이 시작되었다
상한 신체의 부위가 잇몸뿐이 아니었다
혈관이 툭툭 터져 나가
온몸 덩어리가 피로 낭자하다

손놀림이 빨라진다
쿡쿡 찌르다가는 거즈로 닦아낸다
지식의 거즈로는 단 한 방울의 피도 막을 수가 없다
괜히 시간만 지체할 뿐이다

만신창이가 된 한반도 배달의 거리
어느 것 하나 쓸모 있게 남아 있는 것이 없다
얼음판 덧 물 위를 날아가는 황달기 짙은 철새들처럼
주저앉은 대지가 컥컥 코피를 쏟는다

동거

발목과 발등 사이
사마귀 한 마리
둥지를 틀었다
이별하고자 눈길 떼어도 주눅 들지 않고
어디든 따라나서며
보폭의 일정량 거리를 간섭한다

개울에 나가
하루해가 맞도록 돌을 주워 문질러보지만
고개 숙이고 허물을 벗어낼 뿐
노을 질 무렵
논두렁길을 걸어서
개울물에 발 담그고 돌 솔로 또 문질러 본다

물속에 발 깊게 담갔다 일어서는 개 복상나무
한때 남근을 첨벙 담가두고 달아난 구름송이
송사리 한 마리 사마귀를 먹어치운다
아무리 돌로 짓이겨도 꼼짝 않던 사마귀에게도
천적이 있는 법이다
송사리 떼 유영하며 떠난 거리에 새살이 돋는다

영혼의 병

바이러스에 노출된
생명은 위협이 된다
여며진 주머니 실밥 사이에
기생해 온 것조차도
생명을 위협하는 독성을 품고 늙을 때가 있다

영혼에는 생명이 있다
입으로 마시지 않은
후각의 통로로 숨 들어 마시지 않은
눈도장을 겨우 찍고 귀동냥하였을 뿐인데도
감염증상이 심상치 않다

사람들은 아스피린을 삼킨다
잠시 주춤
몸의 휘청거림은 광케이블로도 묶어둘 순 없다
벌에 쳐 박힌 후에야 얼마나 심각했던가를 알 수 있는
모질은 병

상처를 지울 순 없다
흔적 그대로를 품고 호명되어지는 길밖에

그 길 위를
나란히 줄 지어 가는 행렬
그 상흔이 계급장처럼 느껴질 때가 있다

그림일기

거울 뒤편
그리움을 조절해가며 글쟁이들 하나 둘 모여 든다

들깨 익어가는 뜰
봉선화 향 짙게 깔린 봉당 너머 거실
화폭 위에서는 여인이 달을 베어 물고 웃고 있다
달이 떨어지는 석류마을에서
물을 쏘아대는 여인의 오롯한 유방 골이 깊다

노 시인은
의사의 병리차트가 법정의 언도보다도 무서워
시의 자리에
수채화 물감을 흘려
여인의 눈물 한 방울 찍어두고 달밤 내내 노년을 앓는다

그의 화폭은 여인 천국이다
그는 식음을 뒤로 하고 화폭 위에 여인을 앉히고 눕힌다
밥을 지어 주는 여인보다도
달을 낳아주고
미소 짓는 여인과 황혼을 묻기로 했다

글쟁이들 하나 둘 돌아간 빈 들
달 여인이 또 화실을 기웃거리고 있다

2부 … 중년中年의 거리

고목

널 바위 주변 터 잡고 늙은 나무
흰 잔등 위로
초가을비가 내리려나 보다
무릎이 욱신욱신거린다
산짐승 한 마리 겨우 쉬어 갔을 뿐인데
좀처럼 허리를 펴질 못한다

한 번도 남의 삶을 흉내 내 본 적 없다
외면한 시선 거친 시류를 품고 견디어 온
부르튼 입술로 부르는 노래는
언제나 절창이다
숲에 자생하는 것들을 향한 위로의 메시지
내통하는 유일한 신호음이다

팔려온 것들은 제 이름을 잃었다
산을 떠난 가엾은 나무들이 뿜어내는 향수
우울증을 유발하고 늙는다기에
바람은 아침 점심 저녁 주인 잃은 공간을 돌아나간다
어젯밤 새들이 팔 그네를 타다가 돌아들 갔을 뿐인데
전신이 온통 불덩어리다

빈 집

자꾸만 기웃거리고 싶다
낯선 그 집
미끄러지는 발걸음
긴 목을 늘어뜨리며 방 하나에 시선이 박힌다
국어 공책이 널브러진 공간
받아쓰기 점수만큼 행복하기를 바랐던 꿈은
거미줄에 걸려 바싹바싹 수액이 마르고 있다

식솔들은
단 한 번도 떠난다는 생각을 해본 적 없기에
옹기종기 손 모아 채송화 씨앗을 뿌렸다
허물어진 돌담 위
호박 돌 주워 올리며 넝쿨 우거진 미래를 꿈꾸었다
텃밭을 놓고
하루에도 몇 번이곤 물을 주었다

비울 것 같지 않았던 언덕 아래 하얀 집
숨소리 멎었다
바람도 들리지 않고 지나갔다
새들도

기웃거릴 뿐 눈을 피했다
휭 하니 하늘을 날아올랐다
정을 단단히 떼려고 작정을 했나 보다

중년中年의 거리

누구에게나
종종 멈칫할 때가 있다
중년의 거리에 박힌 투박한 상념의 돌덩어리들
이마 정곡을 찍어 가슴 깊이 피를 쏟을 때도 있지만
때론 내 작은 키높이를 더할 때도 있다

오후 내내 구름과 유희할 수 있다는 것은
내 작은 키를 지탱해 준 돌 한 개의 배려
바람이 여러 개의 손을 가진 줄 몰랐다
단 한 번의 손짓으로도
수채화를 펼쳐 보인다

넥타이를 바짝 조르랴
허리 깊숙이 무엇을 우겨 넣을 수 있으랴
자꾸만 곤두박질치는 중년의 사내
한 개의 지팡이로도 지탱하는 것이 사람의 몸인데
풀잎처럼 흔들리는 것은 이유가 있어서일 게다

눈이 멀어야 된다고 하면
땅을 치며 통곡할 애인이 있겠지만

거리에서 중심을 잃은 사내와 여인이 손을 잡았다
그렇게 늙어가는 것이 젊음이라며 보내는 황혼의 갈채
내 영혼이 또 정신없이 흔들리고 있다

남은 자의 고백

텅 빈
들에 서 있다
언제나 남은 자들의 종아리는 까칠까칠하다

까칠까칠한 종아리를 감싸고도는 햇살 아래서
중심 흔들리지만
생의 자유로움은 종아리부터 다시 시작된다
아들 보내고
꽈리고추를 따며 밭두렁서 흔들리는 노모
천계의 소망이 파종된 까닭일 테지만
바싹 마른 젖가슴을 자꾸만 쥐어뜯겨
연거푸 시름을 들이키는 것은 속 타는 세월 탓이다

텅 빈 들에서 돌아서지 못하는 이가 있다
흙이 되고,
엉겅퀴로 그냥 눌러 앉는다

돌이 가로막아 설 때가 있다
나무가 긴 팔로 허리를 감싸 안을 때도 있다
빈들 가까이 존재하는 것들이 마을 입구에서

펑펑 눈물을 쏟는다
평생 밥벌이가 되어준 것들을 뿌리치고 떠날 수 없어
그냥 눌러 앉기로 했다
언젠가 원시림으로 돌아갈 테지만
함께 늙어가는 동지가 있어 고독하지 않는다 했다

면천에 가면

면천사무소 앞에 이르면
백발성성한 초등학교가 등을 긁고 앉아 있다
사라지는 것과 생성하는 것들의 교착지점에
몇 채의 다방이 희미한 전등불 아래서 졸고 있다
계단을 오르다
그냥 빈 마음만 안고 돌아왔다
낯선 사내가 커피 한 잔 사 준다고
떠난 사람들 돌아오겠는가
마담의 괜한 마음만 뒤흔들다 놓을 일이다

차부에는 하루 종일
생선을 파는 이가 운전석에 틀어박혀 노래를 듣는다
차부로 향하는 언덕
바람만 괜하게 넘어갔다가 넘어올 뿐
버스가 도착하면
보따리 이고 내리시는
할매의 쩍쩍 갈라진 발잔등이 찍고 간 흔적을
시골노인을 태운 오토바이가 스키드자국을 내고 달린다
고집불통 바람이 심술궂게 뒤따른다

마음 한 움큼
면천 면내 생강 밭에 심어두고 돌아왔다
네거리를 돌아 나오다가 들키면
면서기의 잉크가 채 마르지 않은 등본에 이름 올릴 테지만
돌아서면 또 그리워질
늙으신 처고모님 내외분께 문안 여쭙고
성급히 돌아서서 온다
옷깃을 잡아 앉히고 동거하자고 하면
초등학교 아이들에게 시를 모종할 테다

공에서 놀다가다

한 잎 두 잎,
지표면이 갈잎으로 일어선다
이미 유입된 것들을 되돌려놓으며
하강 중
손에서 놓아버린 것들은 날개를 달고
신의 정원을 유영한다

그들은
이질현장으로 방향을 튼 이들과는 손을 잡지 않는다
기류를 타던 시절
음식을 나누고 댄스를 하고 키를 잡아 돌리곤 했지만
날개를 달아 준 이가 이끄는 가벼운 운동
큰 자유의 물결에 잠들다

지상의 이물질을 계급장처럼 여겨 온 나날
어이 쌓을 것인가
가벼워야 비로소 다다를 수 있는 곳
버리지 못하고 달려온 세월
날개가 부러진다
지척에 두고 널브러진 영혼 위에 먹구름 짙다

벽면 위
시계가 초침을 울릴 때
한 발 한 발 조심스럽게 내디뎌야 하는 남겨진 삶
그 길 걸을 준비되었는가
탁한 분진을 털며 털며
본향 문전 향해 날아오른다

무릎을 꿇다

중년
무릎을 꿇는다
단 한 번도 무릎 꿇고 살아본 적 없는 세월이기에
수치라 여길 수 있지만
이제는 깊이 꿇어앉으려고 한다

무릎을 꿇리는 것은 회초리가 아니다
옆집 형이 흔들고 지나간 돈 다발이 아니다
긴 밤 홀로 머물 때
소리 없이 찾아 온 꽃과 풀과 나무와 구름과 아이
그들이 무릎을 꿇리는 것이다

얼굴 팔리려고 키높이 구두 하나 샀다
바람을 모으려고 짝퉁 코트 한 벌 샀다
존재를 알리려고 소리 높여 싸웠다
이름을 가슴에 품고자 인쇄 공장을 기웃거렸다
신앙을 위해서 십자가 첨탑 밑을 서성이곤 했다

마흔서넛
이제야 비로소 무릎을 꿇는다

사람이 꿇리는 것이라면 당당히 정강이를 일으켜 세우겠지만
가만가만 돌아보면
항상 약해 빠진 것들이 무릎을 눌러왔기에 그냥 꿇는 것이다

무릎을 꿇지 않으려고 애쓰지 않으련다
세월 흐르면 다 주저앉는 것을
젊은 나이의 의식이 시퍼렇게 살아있을 때
순종 한 번 제대로 하는 것도 좋은 일
꽃과 풀과 나무와 구름이 아이 곁을 웃으며 돌아간다

산장 카페

발길 모이는 길목마다
차 향 모락모락 피어오른다
몇 날을 걸어서 가는 길이셔요?
쉬어 가라며
카페 앞 목어가 미소 짓는다

찻잔 가득 이슬이 넘쳐
이슬차를 마시자며 손짓하는 주인장의 미소
낮달이 아직 걸려 있다
이 시간은 새들도 눈을 뜨지 않는다
겨우 눈 부비며 나비 한 마리 계곡을 오를 뿐이다

누이의 말이 생각났다
산모롱에 카페 하나 문을 열고
샘에서 길어 온 그리움
잔 가득 채우고 싶다고 했다

한 번쯤 길을 떠나본 사람이면 안다
찻잔에 담긴 여운을 홀짝홀짝 마시고 취하고 싶은
바람 스치운 그 마음을

길손더러 잠시 쉬어 가라며
카페 앞 희미한 등 아래서 목어가 연신 목례를 한다

산장 서관
–꿈

산엔 그리움이 켜켜이 쌓여있다
나무와 숲
깊은 골을 따라 문을 연 산 마을
머루송이
주렁주렁 영근 덩굴 문을 열다

언제 이렇게 마련해 주셨을까
한 권 두 권 집어 들고 읽는 책갈피 속에서
나뭇잎 차 향기가 짙다
바람의 흔적밖에 없는데
서고가 참으로 가지런하다

억센 사내보다도
늘 걸음걸이가 느린 삶인데도
마을이 내려다보이는 곳에 자리를 비워두신다
늙은 마을 하나
둥근 해를 품고 노을 속에 깊이 잠들었다

산 마을

책갈피 속으로 난
숲을 본다
동구에서 황토 흙을 덮고 자고 일어나는
고만고만한 꽃과 나무와 들풀을 본다
산지기의 윗저고리 안감에 묻어 온 채취를 느낀다

눈총을 피해
예까지 달려온 숨 가쁜 세월
그들을 만나기까지
마음의 병 많이 앓았다
이제는 산마을에다 호적을 올려야겠다

결코 마음의 문 닫아걸고 사는 일이 아닌
애인을 찾아 떠나온 듯 몸을 푸는 곳
가는 곳이 어딘 줄 모르고 티켓을 예매하는 이의 거친 손
그 손등 위에 내려앉은 생의 노을을 시비하지 말라
그도 알고 보면 산마을에 호적 하러 가는 중이리라

詩의 속성

휘청거리는 오후
종일 노동의 매를 맞았다
돌아가는 사람
돌아서서 오는 사람
그들의 손에 들려진 무기
그 무기는 인류를 지배했었다는 이의 자평 혹은 수사다

단 한 번의 공격도 시도해 보지 못하고
방어의 수단으로만
중심을 잡고 당당히 걸었을 뿐인데
귀가 길에 돌아보니
잃은 것보다 얻은 것이 더 많다
네거리에서 가난한 시인의 빛나는 이름을 기억해본다

식량이 되지 않는
진부한 것 같아서 더는 쓰지 말아야지
어느 한 놈의 목덜미도 자신 있게 잡아채 흔들지 못하는
이름 석 자 내기에도 버거운 날 품팔이로 이어 온 생업을
누군가의 가슴에 묻혀서 눈물 쏟고 싶은 마음뿐인데
자꾸만 가슴팍을 돌아 피가 요동치니 시는 보약인가 무기인가

코스모스
–자유

코스모스 꽃잎에
고추잠자리 한 마리
날아와 나래를 접는다

먼 곳을 날아 왔다
바람이 꽃잎을 일렁여도
잠결에 취해 좀처럼 눈을 뜨지 못한다

가만가만 쉬어 가거라
입김을 모아
너의 가냘픈 몸 위로 한낮의 온기가 되어 주마

나
네 가슴 안으로 날아들리라
가을, 처음 만나는 푸르고 깊은 바다

이 계절이 오면

이 계절이 오면
쪽빛으로 물든 영혼의 옷으로 갈아입고
그대와의 입맞춤을 허락하겠습니다

가슴 깊이 타고 들어오는
푸르름 짙은 향기로
한 해도 넉넉한 양식을 삼을 수 있겠습니다

낮은 돌담 위
고추잠자리 한 잠을 청할 때조차도
하나 남김없이 비우는 일을 멈출 순 없습니다

너무 멀리 돌아왔습니다
모르고 떠나온 길이지만
돌아갈 일을 기억하면서 보폭을 좁혀야겠습니다

허나
등 떠미는 조급함의 그림자들 서성이며
너무 자극적인 거리에 세워두고 윽박질입니다

주여,

어디로 가야 합니까?

비, 바람 불어 예는 이 거리에 이정표 되어주셔요

느티나무

바람이 저 혼자 놀고 있다
온기 싸늘하게 식은 돌층계 위를
이끼처럼 뽀얗게 앉은 세월
나그네 다리품 팔고 가는 그늘인데
고향 사람들
혼을 놓고 숨 쉬는 까닭에
빈 가지만 바람에게 내어주고
느티나무는 늘 외로움을 탄다

쉬어가기로 했다
달구지 세우고 인사 나누시는 큰아버지가
소주잔을 가득 채우신다
잔마다 감성의 깃발 펄럭인다
비망록 갈피 까칠하게 넘어가는 큰아버지의 역사는
술잔을 떠돌아다니는 그리움
하나 둘 이웃사람들 떠난 뒤
큰아버지는 그리움의 흔적일랑 말라며 고개를 저으신다

온기로 돌층계를 덥히기까지
오래 머물기로 했다

비를 피하고 가난을 피하고 운명을 피하여 온
느티나무의 지난 고독이 바람을 일렁인다
모든 것이 빠르게 지나고 먹고 잠드는 시대
잔뜩 굽은 허리를 펴며 논두렁에서 멀어져 가는 그림자
바람이 잰 걸음으로
그의 발자국을 밟으며 달려온다

바람에게도

바람에게도 생명이 있다
한참을 거닐다가 나뭇가지에 기대어 쉬어 가기도 한다
남근이 발끈거리면
절벽을 기어 올라가 소나무와 합궁을 하곤
강물 깊은 곳에서 몸을 푼다

바람에게도 그리움이 있다
자모음에 귀가 멀면
입술을 깨어 물고
풀섶에 누워
땅에 뿌리를 내리고 제 동무들을 부른다

바람에게도 떠나고 싶을 때가 있다
눈 깜박일 때 천 리를 가는 속도를 지녔다지만
그것도 그리움이 있을 때의 일이다
절망이 몰려올 때면 신의 손으로 등 떠밀어도
고집불통 꼼짝을 않는다

바람에게도 슬픔이 있다
숲의 언어로도 더 이상 소통이 안 될 땐

달아나고 싶은데
들풀과 꽃들이 드리는 기도를
외면할 수 없어 발만 동동 구른다

바람의 딸

잔가지인 양 흔들리는 형수는
산비탈 저만치 노모를 내려 보내고
언덕 위에 홀로 남아
새
나비
노을의 울음을 가슴에 담는다

봉당에 들어설 때면
민들레꽃이라며 형수가 웃으신다
봉숭아 꽃잎 채 벙글지 않았는데 백반을 들고 와
손가락에 꽃물을 드린다
돌아나가는 것은 바람뿐인데
어머니가 돌아가셨다며 신발을 고쳐 신는다

어느 날 오후
검은 새 한 마리 형수의 머리 위에 둥지를 틀었다
어이, 어이 저리 날아가거라
손짓으로도 쫓을 수 없어 애태우는 가족
바람이 부는 방향으로만 길이 나 있는 것이 아니다
으슥할 때면 형수의 영혼은 돌배가지인 양 흔들린다

바람이 형수 영혼을 비 내리는 영동선에 고정시켰다
두더지 굴에 떨어지는 햇살이 그녀의 양식이다
뒷산으로 상여 멀어지고
저 고얀 저승사자의 심장에 구멍을 낸다
그 구멍을 숭숭 빠져나가는 바람이여
영동선 갓길에 가둔 형수를 돌려다오

바람이 지나는 길

발 없는 바람
도곡3리 어룡부락 716번지 마당을 지나
새우젓 골 북단
아가리를 벌린 채 자고 일어나는 저수지 길을 잇는
이면도로 적송무덤에 이르렀다

해 저물 때면
예봉산은 근엄한 옷으로 갈아입고
마을 골목길을 휘돌던 바람을 불러 모이를 시작한다
이날만큼은 먼 길 가던 낙엽도 돌아와 풀 섶에 안긴다
찻집 문지기 초롱이도 초대를 받았다

둥지를 튼 지 얼마나 오랜 시간이 지났으려나
수심으로 가득한 여인이 내어 온 솔잎차를 마시며
그녀의 시름까지 후룩후룩 마시고
시인은 노을 가득 차 오른 입술로 노래를 한다
창가에서는 밤안개와 더불어 산새들 날아와 엿듣는다

발 없는 바람의 분신으로 들렸기에 다행이다
솔잎차 내어오는 여인에게

마음을 빼앗길 뻔했다
저수지 풀밭 위에서 고별사를 쓰고 있는 후박나무 잎에게
내 정절을 모두 잃을 뻔했다

바람의 말

쏟아지는 인습
엉겅퀴 가시인 양 영혼에 상처를 내는 신경의 발작
마음 가운데 길을 가로지르는 상심의 그림자
그 무거운 짐을 옮기느라 허리 잔뜩 굽은 이의 손을
잡는다

그대 내게로 오오
변명도
한 장의 티켓도 없이 빈손으로 와 쉬어 가도록 하오
물 건너
황톳길을 지나서 와도 반갑소

그대 애처로운 미소
애써 지우려하지 마오
생의 뒤뜰 가득 메운 숱한 소문들로부터
귀 벙어리 되려고 하지 마오
그대 잠든 깊은 밤 내 몸 일렁여 깨끗이 씻어줄 테오

작렬하는 태양
그대의 숨이 탁탁 막히울 때면

눈물짓지 마오
파도 노니는 푸른 바다 언덕 위에서 가슴 열고 나를 보오
이제 그대를 가슴 깊이 품어 안고 대양을 황단하려 하오

바람의 숲

사람은 바람의 숲에서 산다
바람에게서 나고 바람 속에서 울고 웃는다
바람을 만나기 위해서
고층건물에 둥지를 틀기도 하지만
바람을 품는 오각의 부재로운 아픔
지하층으로 내려가 둥지를 틀기도 한다

사람은 바람의 간섭을 받고 산다
두터운 겉옷으로 온몸 칭칭 감고 나설 때도 있지만
그만큼 바람과의 소통은 멀어진다
바람에게 자유만 있는 것은 아니다
가슴속 깊이 기생하는 슬픔 덩어리도 있다
차곡차곡 쌓인 숱한 걱정거리도 털 박히듯 박혀있다

사람은 바람에게서 교양을 배우면서 산다
다시 일어나 제자리를 찾아가는 고된 훈련
세상에서 거뜬히 살아가는 법까지 가르쳐 준다
한겨울 텅 빈 들과 산에 가 보라
어느 것 하나 바람에게서 배우지 않은 것이 없다
종아리 맞을 짓 없었나 보다 바람이 미소를 짓는다

3부

가을의 이동

거기 누구요?

이슬로도 취하는
작은 뇌성을 열고
들풀 잎과
고추잠자리의 일상에 대하여
엿듣는 당신

밤 이슥하도록
뒤를 따라다니며
말 한마디 걸지 않고
지난날 과거를 알고 있으면서도
시치미를 뗀 채
비밀을 품고 컥컥 늙어가는 당신

가끔
이놈의 종아리에 회초리질하다가
품어 안았던 온기의 힘으로 등 살며시 밀어주고 이내 돌아서는
거기 거
가만히 서서 바라만 보고 있는
당신은 도대체 누구요?

가을 길

바깥 살림을 차리자
누이의 귀밑머리인 양 날리는 나뭇잎 사이
지난한 몸짓이
삶이라고
기름 내 배어 있는 교과서로는 다 말할 수 없다

안으로 여무는 계절
등잔불 밝혀두고 지켜보는 광경은
여명을 향한 국화꽃잎의 혼절
작은 공간에서 생을 억제하며 분재를 강요하는 것은
세상이 악해서가 아니라 사람에게 희망이 없어서다

손에 쥔 것을 다시 움켜쥐기보다는
짧아지는 계절을 아쉬워하며 단풍 아래서 모이를 하자
중심을 잃고 쓰러지는 영혼을 위해 울라
미래는 지는 나뭇잎 언저리에서 피어나는 황홀
그리움을 낳고 떠나는 이의 화려한 외출복

시간의 초침처럼 쉬 지나가는 허전함
그 길에서 시를 쓰는 일도 숨이 탁탁 막힐 때가 있다

가을 꽃

가을에도
지천으로 꽃은 핀다
이름을 다 기억하지 않기로 했다
이름을 물으면 그냥 등을 돌리고 미소로 답하기로 하자

깨우지 말고 돌아서서 보라
손 타지 않은 엷은 눈빛으로만 보라
간드러진 손맛에도 쉬 떨어지고 말
바람 소리에도 운명을 예감하는 꽃을

수줍은 듯 갈잎 사이로
옷을 벗은 너
네 속살을 간질이며
약속을 깨고 이름을 부르고 싶어 미치겠다

생이 위태로운 까닭에
사전에도 없는 순수언어로 이름을 불러주마
햇살 한 모금 삼키울만한 기력이 남아 있다면
호명에 가만가만 대답이나 해 주렴

가을의 이동

나뭇잎에게도 자리가 있다
외로운 발자국
돌무덤
그들은 제자리 아닌 곳에 앉는 법이 없다

가을은
바람에게도 눈코 뜰 새 없이 바쁜 계절이다
햇살이 내어준 이정표를 지나
그들만의 길을 찾아 떠나는 중이다

바람은 결코 남의 말을 옮기는 법이 없다
그들만의 언어로 지상의 것들과 소통을 시도하지만
계절 내내 나무 위에서만 보낸 나뭇잎은
세상 비밀을 가슴 가득 담고 낙하를 꿈꾸고 있다

밟히는 낙엽은
그들의 생이 빛나지 않은
사람의 비밀을 폭로한 까닭이거나
태양 아래서도 생을 기꺼이 태우지 못한 까닭이다

낙엽더러
그렇게 태어나고 죽어가는 것이라고 쉬 말들 하겠지만
그들은 세상에서 할 일을 다 마치고
금의환향錦衣還鄕하여 고운 자태로 눈을 감는 것이다

은행나무 아래서

가을이
시치미를 뗀 채 고개를 돌리고 앉는다
지상의 모든 것들도 눈치 병을 앓고 있다
신호를 기다리는 횡단보도 옆
한 그루 나무가 울고 있다

생의 굴레를 외면한 잎들이 우수수 진다
나무 위에선 기생하는 찬 공기가 앙칼진 발톱으로
나뭇잎의 목을 뚝뚝 끊어 지상으로 던지고 있다
아직 채 여물지 않았는데
왜 저리도 슬픈 역사를 재촉하는 것일까

모진 병을 앓아오던 아이를
투명 구름처럼 놓아버리고
얇은 외투 한 벌로 찬 계절을 맞는 여인
빈 방 기웃거리는 은행잎을 가슴으로 감싸 안는다
누구든 생의 순리를 비켜 갈 수 있겠는가

영근 것들도
수직하강만은 삼가고 허공을 유영하며 나리는데

웬일로 채 영글지 않은 푸른 잎은 후드득 후드득
저리도 수직하강을 서두는지
나뭇잎을 배웅하고 돌아서는 여인의 가슴에 달이 가득 차올랐다

첫 추위

태양지체들이 몹시 바쁜 날이다
밤잠을 설친 달의 볼에 부스럼이 살짝 일었다
갑자기 뚝 떨어진 기온에
시야가 좁다

늦은 밤 시간
시집을 읽다가
낙엽 길을 걸어서 갈 흥분에 살짝 젖는다
이별 이야기를 어떻게 들으려느냐 잠을 설친다

이른 시간 햇살이 감싸 안았는데도
한강은 좀처럼 가슴을 펴지 못한다
입술과 입술을 맞대고 깊이 잠든 나무들도
일어설 기미를 보이지 않는다

낙엽이 촉촉하게 젖어있다
이별 이야기일랑 말라며 낙엽에게 단단히 일러둔 모양이다
시집 갈피를 펼쳐
낙엽의 눈물과 바람의 미소와 햇살의 양 조금 담는다

삶

삶은 창공 어디쯤
상수리나무 위에 줄을 매어 달고
바람의 힘만큼만 올라갔다가 내려가기를 반복하는
그네

더러는 물안개에 젖어 내려오기도 하고
더러는 맑은 구름 모자 하나 쓰고 내려오기도 하고
더러는 노을 붉은 망토 한 벌 얻어 입고 내려오는
누구랄 것도 없이 올라갔다가 내려오는 그네

눈 깜박할 사이
노을에 취해
무지개 향에 취해
작은 통로 하나 내고 빈 그네만을 내려 보낼 때도 있노니

삶은 창공 어디쯤
구름 기둥 위에 줄 하나 매어달고
햇살의 무게만큼만 올라갔다가 내려가기를 반복하는
그네

떡장수 아주머니

돈 사러 가는 길
푸성귀처럼 까칠하게 날리는 백발 머리칼로
함지박 받쳐 이고 역무원의 눈치를 본다
아무리 봐도
넘어질 듯 우겨쌓은 떡 무더기
시루, 백설기, 바람, 술…
어느 것 하나 구미를 당기지 않는 것이 없다

책을 읽다가 내린 손
주머니 속의 지폐를 헤인다
삶의 무게를 덜어드리고 싶다
한참 지나쳐 온 거리
작은 배려를 행하는데도 수만 가지 갈등에 사로잡혀
몇 번이고 가다가 오다가 다시 다가가
사 든 떡 봉지의 무게가 부끄럽다

몇 그램 되지 않은 떡 한 덩어리로
아주머니의 인생 무게를 덜어주었다는 생각은 죄다
검은 봉지에 담아 주신 희디 흰 백설기
아주머니의 살 같아서

떼어 먹을 수가 없다
성공주의에 몰락한 어느 사도의 회개처럼
삶의 각도를 바로 잡아야 할 시급할 때다

서울 까마귀

서울 까마귀 슬피 운다
감나무 가지 위 졸음에 겨운 햇살 쪼며 할퀴며
스키드 소음마냥 울어 예는
앙칼진 까치들의 울음소리에 비하면
너희들에게는
공중을 날며날며
생명의 떡가루를 세상에 뿌리느라 하루해가 짧다

하늘은 바다와 맞닿아 있다
급선회하는 것조차 일상이 되어버린
너희들의 외로운 비상은
오래된 역사를 거슬러 비가의 진원지라는 낭설을 믿어온
사람들의 무지로 착지를 거부당하고
도시의 상공 어디쯤 걸린
목울음소리는 여전히 고독하고 슬프다

자작나무 위를 날다가
산 능을 돌아 다시 창공을 차고 오름은
하루 도회지의 하늘을 날기 위함인 것을
미처 모르고 살아온 것은 사람뿐이다

바람이 불고
비가 내리고
유난히 낙엽이 우수수 지는 것도 다 이유가 있다

독거노인의 임종

박 노인
병원 삼층 중환자실에서 숨을 거두셨다
앳된 간호사와 젊은 의사의 시중을 받으며
운명하셨다

살아생전
아내는 노인의 투정을 모두 받아주었던 인연을 맺고
유일한 보호자가 되어
노구를 거두어드렸다

중환자실 커튼 너머 작은 침대에 잠드신
노인의 얼굴에선 생전 투정과 욕심은 발견할 수 없다
투정 때문에 아내는 몇 번이고 돌아서고 싶어 했지만
피붙이 하나 없는 독거노인이라 떠날 수 없었던 것이

임종을 지키고
마지막 가는 그 길목에서
손을 잡아 온기를 더하고 사랑을 나눈
가장 오래될 인연 하나 가슴에 남겼다

고독하게 떠나는 인생길
무슨 애착이 그리 많으셨음인지
웬 목청은 또 그렇게 높이셨던지
수의를 입고 드러누우신 체구가 귀엽기만 하다

황량한 초겨울
박 노인 홀로 떠나는 길을
비 마중 나와 종일 서성이다 돌아들 간다

흔적

그 사람
삶이 몹시 곤고했나 보다
연신 땅바닥을 밝히면서 길을 간다
혹 잃은 것이 있는 것일까
마음마저 텅텅 비어있다
바람이 마음 가운데 길로 빠져 나갔나 보다

사노라면
노래 가사 말도 위안이 될 때가 있다
황홀한 노을을 밤새 가두어 놓고
깊은 벽면에 갇혀 신음하는 일이 다반사지만
아침이면 출구 찾아 일상으로 돌아와야만 한다
가끔 돌아보면 출구를 잃은 미아들을 만날 때가 있다

힐끗 곁눈질하며 지나는 이들을 본다
그들 중에는 밤새 소통의 문을 잠금장치하고
인생 편린들을 안고 가로등에 기대어 조는 이도 있다
걸어온 길을 보면
무슨 일이 있었는가 하나 남김없이 알 수 있는 것
무의식의 터널을 지나는 사람들이 냉을 몹시 앓고 있다

상념의 달

귀가 길
상념의 뼈 조각 우려 마신 물
턱까지 차올랐다

구름밭에 떠 오른 둥근 달
유두를 물려
양분을 공급해 준다

사는 일이 힘겨울 때면
노란 빛 달 울타리를 이웃거리며
하룻밤 혹은 이틀쯤 쉬어 가는 것도 행복이다

거기
그곳
신의 은총 아닌 것이 없다

반생기

성묘 마치고 돌아오는 길
짐승의 입속에서 마구 씹히는 육질에 시선 박힌다
온기 가득했을 심장을
찬바람이 시도 때도 없이 들락날락거려
밖으로만 배회하는 짐승 곁에서
M 시인이 그리워졌다

시보다는
생명이 소중하다며
치마폭에 식량을 숨겨 주변을 돌며돌며
그들의 시장기를 덜기 위해 찍는 그녀의 발자국은 천상 시다
말로 시를 쓰는 사내들보다야
발로 쓰는 그녀의 시에는 항상 봄이 먼저 들렀다 간다

M 시인은 시를 쓰면서 사람을 사귀고
또 시를 쓰면서 사람을 버린다
그녀의 가슴은 온통 버림받은 놈들의 눈망울로 가득할 뿐
한 번 따라나설 용기 나지 않는다
사치품 같은 입맞춤으로 시를 쓰는 것은 죄인의 푸념
그녀는 뿌리의 온 힘으로 잎과 꽃을 부르듯 인생 시를 쓴다

가로등

화장기 짙은 사람
거리를 두고 본다
희미한 초점 무색으로 다가온다
아침 냉기
이마 위를 앙칼지게 할퀴어도 외면하고 싶다

재개발 포스터가 나부끼는
빈 도로 위에 기생하는 밤 가로등
촉촉이 젖은 눈동자
하루 종일 토방에 앉아 등산객들의 그림자를 쫓던
추억을 가져와 예의를 표한다

숨 가쁘게 오고가는 귀경객 틈새에서
얻어 돌아온 것은
트렁크 안의 식량이 아니다
길을 밝혀주는 도심지의 가로등이 아니다
거미줄 엉성한 가로등에 나부끼는 헐렁한 삶의 그림자이다

시도 나이를 먹는다

작은 별에 꽃 무성하다
쉬 피었다 지는 꽃잎
사시사철 빛을 연발하는
누구랄 것도 없이 거저 왔다가 빈손으로 돌아가는 길모퉁이
돌비 곁에서
한 떨기 꽃으로 옷 입고 나선 신 새벽
무엇이 또 되고 싶은 것일까
좀처럼 향기가 나질 않는다

어제 고백했던 그 언어도
오늘만큼은 失語의 짙은 병을 앓는다
입 벙긋하지 않았는데도
상처 얻어 돌아가는 사람이 많은 것을 보면
시도 나이를 먹는가 보다
구구절절 제 자랑뿐이다
마음속 버거운 짐 하나 남김없이 내려놓고
얼음판에 입술을 단단히 지져야 할라나 보다

유행병처럼 신앙에도 치장만 늘어간다
문명이 몰고 온 가벼운 유희 머리에 이고

패스보드 안의 접히지 않는 신권을 세고
간이 의자에 앉아 어른행세를 하려는 이들의 축제
베뢰아 빈민들이 씹고 또 씹어
말씀의 진미를 발견하려고 애썼던 것처럼
시인도 흐르는 시냇물에 낯빛을 씻어야 하느니
탄력 잃은 영혼 지금 수혈 중이다

낙엽 예찬

낙엽 위를 걷는 종아리의 무게가
만만치 않다
새들도 발꿈치를 들고 아삭아삭 거니는데
차마
그 길을 걸어서 갈 용기가 나질 않는다

햇살도
조심스럽게 잎을 말리우고
바람도
서둘러 일렁이는 법이 없는데
무슨 일을 하였다고 그 위를 걸을 수 있겠는가

돌아서서 가자
한 장의 잎이라도 길을 가로 막아서면
먼 길로 돌아서서 가자
내 삶의 부끄러움을 말끔히 씻어낼 때까지
영원히 돌아서서 가는 생을 선택하며 살자

길 1

한참을 걸어 온 것도 아닌데
몸이 앓는 소리를 한다
심장이 고동 치고 있다
몇 리를 더 걸어야 비로소
본향 문턱에 다다를 수 있으려나
무지갯빛 환하게 얼굴 비춘다

더 멀리 걸었으면 하고 절규할 때가 있다
바람만큼 겁이 없는 것이 삶이라지만
빈 등을 돌려 세워 힘이 되겠다는 이들보다는
등을 돌려 세우라는 아우성 많은 세상
한 발자국 내딛는 것도 이렇게 힘에 겨운데
더 먼 길을 열어 달라며 기도의 제단을 쌓는다

길은 허리를 펴고 서 있기보다는
꼽추 흉내를 낸다
안개 속으로 난 길을 걸으라며
돌 산 혹은 물을 만나게도 한다
매듭이 없이는 하늘을 향한 외길을 갈 수 없는 댓살같이
고난이 없다면 본향을 향한 그리움은 한낱 몽상에 불과할 뿐,

길 2

마음에 길 하나 있다
그 흔적을 보면
이정표 되어주고픈 이의 작은 배려가 고스란히 담겨 있다
단단히 준비하지 않고서는
몇 발자국 나서지 못해 발길을 되돌릴 여로이겠지만

이 만도 길도 없다
지침이 몰려서 오면
이슬 받은 꽃잎으로 목마름 축여줄 그 사랑을
견줄 이 없는
욕심을 비우고서야 비로소 안아보는 행복이겠지만

가볍게 꿈 일렁이며 걸을 일이다
누구에겐들
미소뿐이겠는가
정수리로부터 발끝까지 피로로 누적된 이 밤
실눈을 뜨고 다시 걸을 일상의 샛길이겠지만

그 길에도 끝은 있다
슬픔만 있는 것이 아니라

가만히 걷노라면 황홀한 기쁨도 있다
외로움과 가난만이 있는 것이 아니라
사랑하는 이와 마주하고 밤새워 즐길 만찬이 있다

끝 길로 기꺼이 나가 보라
한 번도 맛보지 못한 차 한 잔에 깃든 향기와 평안이 거기 있다

하늘 길

하늘에도 길이 있다는 것을 몰랐다
어느 때 길이 열린다는 비밀을
누구 하나 들려주는 일이 없지만
가슴이 메어져 올 때면
자꾸만 하늘 길이 열리기를 기다린다
하늘로 난 그 길을 걷고 싶기 때문이다

사람의 이름으로 태어나 걸어 온 길을 보면
흘려놓은 얼룩뿐이다
다시 태어나면
새와 물고기로 나
구름과 바람과 파도와 산호 틈에 길을 내고
그 길을 마음껏 걸어 볼 테다

누구 하나 하늘 길을 걸은 적 없다
바람으로 다시 태어나면
하늘로 난 길 가에 코스모스 꽃 파종하여 일렁이며
새 얼굴을 한 사람들과 어울려 그 길을 걸을 테다
한 번쯤은 거꾸로 매달려 거닐고 싶은 인생
새의 비늘에 숨어서라도 창공으로 난 길 밖의 세상 보고 싶다

여자의 강

출렁이는 바람 속으로
강물 흐른다
강물에 묻힌 가슴
해갈되지 않은 목마름
강풀로 늙어가는 사람들이 있다

태어나면서 우리는 강풀의 신분이었다
목마를 때면
시도 때도 없이 그녀에게로 달려가 샘을 마신다
그래도 갈증이 해갈되지 않으면
그리움에 취해 강변에서 운다

탁해졌을 뿐 그녀의 강은 마르지 않는다 했다
희뿌연 연막 같은 길을 걸으며
달맞이꽃 만개한 강변
분칠한 여자가 강에 나가 입술을 담근다
밀랍인형 그녀의 샘은 오늘 밤 아직 유효한가

강변에 눕는다
여자의 강 수위가 남자를 자극하는 데는 다 이유가 있다

4부 · · · 몸 이별 그 이후

"1" 월

세월이
마른 나뭇가지에 턱을 또 걸어 맸다
새 잎 맞기까지는 눈바람 속에서 서너 날은 더 견뎌야 한다 했다
세상을 이리저리 몰아가는 것은 강철 같은 채찍 잡은 문명의 손
밤새 뒤척이다
벤자민 화분 속 거름으로 푹푹 썩는다

변한 것은 마음뿐이라는데
변한 것 하나 없이 새 옷만을 갈아입고 다가와서
축원을 기원하는 사람들
우리의 혀는 단 1g의 복도 달아내지 못하는가
영혼의 침례 예식이 아직 끝나지 않은 모양이다
마음은 자꾸만 설익는다

어제의 일상을 자글자글 씹다가 버리고
오늘을 다시 오븐에 올려놓고 덥히는 사람들의 조바심
입김 하나의 마술로 죄를 씻을 수 있음이 침묵뿐이라면
일 년 열두 달 내 입에 재갈을 물려주시오

가여운 지난날 역사를 분갈이하여 서재에 옮겨 심고
한 떨기 꽃을 피우라며 자꾸만 일으켜 세우시는 말씀이여

그곳에도 이별은 있다

언제나 돌아설 땐
낯선 주차장을 두리번거리는 습관 하나 도진다
허름한 차량 한 대
며칠을 묵어가는 것일까
소금기 짙게 덮고 드러누운 것을 보면
잠깐 왔다가 돌아가고자 떠나온 여행은 아닌 것 같다

흔적의 비밀 하나 갯바위에 걸쳐놓고
휑하니 바람 따라 떠난 사람들 뒤에서
갈매기는 연신 끼룩끼룩 목울음을 운다
까칠한 마음의 허물 하나 남기고 돌아서는 행인들
낯선 곳에다 주소지 내고 바다사람으로 살성 싶은데
이곳이나 저곳이나 이별 천지다

제 발로 왔다가
제 발로 돌아서는 것뿐인데
코뚜레가 끼워져 자꾸만 일상으로 이끌린다
익숙한 것들을 버리고
원주민 틈에서 한 일 년쯤 묵어가도록 자유가 허락된다면
이곳에 십자가 첨탑 없는 예배당지기로 남을 테다

일기日記

돌아와 묻어두기로 했다
껍질과 알곡을 분리하며
내 안에 잠자는 의식을 위한 영양분을 공급하는 일이
늘 심상치 않다
지체들이 동원된다

하루의 생활을 마치고 돌아와
고된 노동의 시간을 또 맞는다
배불리는 작업은 아니지만
이 일을 마치고 난 후 찾아오는 행복
어떤 이에게는 사치처럼 여겨질 때가 있다

버리는 작업도 만만치 않다
사람의 일이라
인적 드문 시간 단단히 매장을 하고 돌아와야 직성이 풀린다
수평적인 삶이 밥벌이에 투자된 세월이라면
수직적인 삶은 영혼의 양분을 위한 제 살 깎기다

삶을 두 번 산다는 이를 만난 적 있다
그는 애써 비밀을 숨겼지만

그 비밀은 오래가지 않았다
귀가하여 맞는 삶이 훨씬 더 고된 일이라고 알고 있지만
아침 샘 하나 가슴으로 길을 내고 흐르니 다행이다

물

내 안에 흐르는 물
시도 때도 없이
막을 일 없는데도
막힐 일 없는데도
제 좋은 방향으로 흐르려고만 한다

물길에는 그리움이 있다
생명이 있다
아픔이 있다
가만 눈 감고 있어도
허공을 유영하는 기류인 양 솟구치는 기운이 있다

계절이 지나는 흔적
걸음에게 쉼을 아직 허락한 적 없는데도
강물은
내 안으로 길을 내고 왜 이리도 역류를 하려드는 것일까
자꾸만 몸이 곧추 선다

아랫도리는 가장 먼저 물을 받아내는 발원지다
누구랄 것도 없이 생존의 유무를 허락하고 않는 것은

내 안의 유속에 따라서 조절되겠지만 막을 길 없다
황사가 깃든 이 아침
솟구치는 물길에 잠겨 황홀에 젖는다

조문弔問

백수白壽 할배
무거운 날개 접고 마을 등지시던 날
봄 햇살은
눈을 질끈 감아버렸다

십팔 세 복순 누님은 아비의 역정이 싫어
전설처럼 따라다니던 가난과 구박이 싫어
집을 나간 뒤 삼천포에 둥지 틀고 아들 하나 낳았다
언니의 무덤 가까이 월셋방 하나 얻어 밥을 지어왔다

아버지의 부고를 받고도
가난과 역정의 바람개비 가슴을 불어
더 멀리 달아나고 싶었다던 누이
마을 아주머니들 손잡고야 비로소 묵은 눈물을 쏟아낸다

핏덩이 손자 받아들고 시름에 겨운 할배
뒤란의 감나무 밑에서
눈물 묻던 날
손자 녀석은 하루 종일 들 소년으로 살았다

까마득하게 먼 전설
이제 물안개에 실려 산을 넘는다
구부정한 허리 곧추 펴시며 역정을 일삼던 할배의 핏대
대문 앞 냉이꽃잎에 휩싸여 어지럽게 바람을 탄다

바다로 가는 길

지금 바다로 난 길로 가는 중이다
누구를 만날 것인가
바다가 부르는 거리에서 숨 멎었다 피는 꽃들
냉수 한 잔의 무게로 지탱해 온 생을 뒤로하고
숨이 턱까지 차오르는 흥분을 달래며
지금 바다로 가고 있는 중이다

소금기 가득한 일상
컥컥거리며 토해낸들 청계산 약수될 수 없다
염기 가득한 동해 넓은 뜰에서
바닷물에 절어 맛을 내자
찬밥 위에 올려 찢어먹어도 누군들 맛깔스러운
바싹 절어 굴비 엮이듯 단단히 엮여서 돌아오자

바다는 단 한 번도 어깨를 풀어내는 법 없다
기름때 절은 역사 속에서도 생사고락을 함께했다
잠수정 띄워 농락의 도를 높일 때도 그물을 일렁여
죄를 묻던 그 파란 바다
목숨 탁탁 막아 온 이물질을 씻어주듯 파도 가슴 깊이 일렁인다

바다에서 마음을 풀리라
남과 여 늙은이와 젊은이 신앙과 불신앙 어울려
코발트 빛 동해에 짙게 물들이듯
예수그리스도의 가르침 그 사랑으로 짙게 물들어
대관령 고갯마루를 넘어 다시 일상으로 돌아서리라

떠나는 중이다

애원의 속성으로도 잡아 둘 수 없는
잃은 것에 대하여는 미련을 버려 둘
내 몸덩어리이면서도 어찌할 수 없는
저를 배반하는 지체들이 기생해 오고 있음을 알면서도
손 하나 까닥할 수 없는 가여운 인생

이빨 하나 뭉개어 버렸다
이빨 하나 또 바스러뜨려 보냈다
장기 하나 잃은 아내 곁에 누우면
아내의 몸이 자꾸 한쪽 방향으로만 기운다
내 몸 또한 기우는 것을 보면 어제 뽑은 이 때문일 게다

몸 안과 밖에서 짐을 꾸리는 거친 숨소리 들려온다
지금까지 모든 지체가 내 것인 줄 알고 살아왔는데
지금까지 생명을 붙들어 준 것들 앞에서
다시 고백하노니
돈 한 푼 내지 않고 공짜로 빌려 써온 것들뿐이다

신께서 가져가신다 한들
제 주인의 품으로 돌아간다거나

근원을 찾아 흙으로 눕는다 한들
눈 하나 까닥할 수 없어 흘리는 눈물은
떠나는 것들을 위해 시문을 짓는 이의 유리창에 내리는 비다

하루

또 한 사람의 부고를 받았다
주름 미소 뒤로하고 병마에 쓰러졌다
망령된 혼이 불러온 발병
청년은 존속살인의 역사를 거꾸로 썼다

책장을 넘기듯
이십사 시간을 보내고 돌아와 가져보는 기분
허탈 아픔 후회 행복
하루를 견디게 한 이유의 감사기도 켜켜이 쌓인다

밥 한 끼
잠 한 숨
하루치의 일용할 양식
만남 하나에 이르기까지 스며든 것은 깊은 위안이다

한 발자국 더 내딛는 용기와
한 끼 화려한 밥상을 받는 자본윤리와
공을 산 위로 차올리는 우람한 근육 틈새로 난 길도
그늘 짙게 깔리면 사출기에서 찍혀져 나온 폐자재다

마음조각들 고스란히 잃고 돌아와
드러누운 채 거울에 얼굴 묻으면
육신을 들락날락거리는 세월의 날 선 파편조각들
깊게 내통하라며 삶의 열린 바다로 문을 열어준다

멀어진 길

풀잎을 꽃 피우고 돌아가는
햇살 한 모금의 기운으로도 마음이 온통 따스해진다
오후의 걸음은 풀어진 안개
어머니가 부르시면
논두렁길을 지나고 신작로를 건너 돌계단을 돌아
냇가에 입술 말갛게 씻고 예 하고 대답을 한다

씻은 발에 풀물이 묻어날랴
사뿐사뿐 걸어서 오는 새색시 걸음
오다가다 만나는 나비도 냇가에서 몸 씻고 돌아오는 시간
어머니가 부르시면
돌계단을 비켜선 언덕 위
수줍게 핀 제비꽃 한 잎 입에 물고 예 하고 대답을 한다

매일 아침 부지런하신 어머니는
냇가에서 머리 감으시고 돌아오시다가 애호박 서너 개
밥상 위에 올려 놓으신다
무슨 일 있었을까? 마을길이 흔적 없이 잘려나갔다
메뚜기 노는 밭길과 망초꽃 웃자란 논두렁길도 흔적 없다
그 흔적 위로 괜한 마음만이 길을 내고 걸을 뿐이다

몸 이별

몸 이별 앞에
우리는 너무 오랫동안 눈물을 흘렸다
불시에 눈을 감기 울 때도 있지만
이미 하나 둘 …
몸 부재의 징조를 알려 온 만큼
영혼은 무죄다

마지막 징조는
가느다란 떨림일 뿐
꽃잎이 바람결에 미소 머금고
행인을 사모하듯
서로가 가까이 혹은 멀리서 바라보는 일 외에는
한마디 말을 상실한 채 눈 감는다

사람 안에도 폭포수가 있다
마음 깊은 곳에서 쏟아내는 흔적이겠지만
아무리 쏟아내도 그치지 않는 눈물의 역류
생명을 잉태하는 근원이 됨을 모르고서야
어찌 몸 떠남을 이별이라며 슬퍼하겠는가
영혼의 만남이 남았으니 영영 이별이랄 순 없다

몸 이별 그 이후

먼 이 길을
돌아올 때
많은 말씀 들려주지 않으셨어도
존재함만으로도 행복했습니다

뒤돌아보는 일이 습관인 인생
바람은 왔다가 그냥 돌아가라는데
오시지 않는 당신의 빈자리만 바라보면서
오늘도 헛기침만을 울궈냅니다

사람의 이름으로 왔다가 가지요
우리 잠시 이름을 빌려 쓴 것뿐이라는데
마음에서 쉬 지워낼 수 없음을
누구인들 정중하게 해명해 주실 수 있겠습니까

먼 길일지라도
떠났다가는 다시 오는 일이 다반사인데
오지 못하면 편지 한 통이라도 남기는 법인데
당신은 인기척 하나 없이 영영 떠나시려나 봅니다

올 땐
누구나 혼자였듯이
돌아갈 때도 혼자일 수밖에 없는 일
그리움의 사슬에 묶여 남은 이 길을 마저 걸어야 할 모양입니다

아버지의 구두
–꿈

아득히 먼 길을
아버지 다녀가신다
누군가 타다가 버린 낡은 자전거에
실려 가시는 허름한 체구

간밤에 내린 소나기로 움푹 패인 신작로
언덕길을
작은 타이어에 중심을 잡고
찾아가시는 노변에 차려진 신발상점

고르라고 하신다
이미 한 켤레 구두로 무장을 하신 아버지
먼 길 돌아가시려나
구두끈을 질끈 잡아매신다

먼 꿈속으로 난 길
일생 가야 한 번 차려질 듯 말 듯한 상점에서
한 켤레 가죽구두로 무장하신 아버지
가야 할 길 아직 먼 모양이시다

아버지의 해
이미 석양을 넘은 지 수 년
냉기가 가슴을 파고들 듯한데
아직 광야 길을 지나고 계시나 보다 차림새가 몹시 야위셨다

뒤엉킴

뒤엉킨 채 살려니
사람이 짐승보다도 못한 것 같아 밥과 물을 금식한다
언어를 잃고
관습을 잃고
문화를 잃고
성별의 고상한 영역을 침범당한 채 그림자에 싸여 사는 일은
여행이 아니라 허망한 꿈속의 노동이다

소스라치게 불던 어제의 그 바람
나뭇가지에 걸려 목이 잘린 흔적을 본 사람 있는가
창가에 놀던 햇살이
몸살을 고해오는 그 신음소리 들어 본 사람 있는가
아이들은 연신 어른 흉내를 내고
어른들은 그들 앞에서 숨죽인 채 졸고 있다
우리는 더 이상 출구를 잃고 기어 다니는 바퀴다

한땐 남반구 작은 밀림에서는
사람이 싸구려 짐짝처럼 매매될 때가 있었다
문명의 충돌이 빚어낸 이 시대는
네온 찬란한 도회지 길목에서

유식자들의 성 매매가 요행히도 법망을 빠져 달아난다
법정에서는 무엇을 논하는가 소리 없는 아우성
이를 따져 묻는 이의 입술만이 퉁퉁 불어 터 있다

이상기후

잠자리 날던
그 자리가 잔뜩 짓물러 있다
짓무른 엉덩이를 한 어느 놈이 밤새 놀다가 돌아간 모양이다
퉁퉁 불어
잠자리 한 마리 날지 않는 숲
탱탱 불은 젖가슴을 한 상수리나무만
바람에 취해 언덕을 오르락내리락거린다

며칠 몇날
하늘을 날다가 꽃잎에 둥지를 틀어야 하는
고추대궁 위에 채취를 남기고 돌아가야 하는
그들의 원칙을 위반한 것도 아닌데
태양을 맞는 날보다 비를 더 많이 맞아
고통스러운 운명
잔뜩 짓무른 날개로는 단 한 시간도 하늘을 유영 못한다

아무도 몰랐다
짓무른 세월이 이렇게 지속되리라곤
직수입했다던 기상대 슈퍼컴퓨터의 촉수로도 적중은 빗나가고
이국어의 해독이 빚어낸 상술에 국가자산을 탕진했다

신의 이변이 속출한 셈일까
영원할 것만 같았던 품 안의 가을 하늘
잔뜩 짓무른 것을 보면 인간의 죄가 불러온 탓인 게 분명하다

고난주일

이젠 잊을 일이다
가시 돋친 언어
형제의 가슴을 찔러 피를 상혈케 했던
언어들의 받침을 뜯어내어
모닥불 쏘시개로 불당기리다

이젠 버릴 일이다
타인 앞에서 수줍어하던 못난 얼굴 일그러진 가슴
사랑한단 말 앞에서도 냉혈인간처럼 뻣뻣했던
영혼에 흠집 내어 시술한 뒤
봄 햇살로 상흔을 봉합하고 아무 일 없었던 듯 남은 길 걸으리다

이젠 새 옷 입을 일이다
옛 관계선상에서 얻은 상처
사 계절마다 새 모습으로 마주했던 숱한 나날
이기적인 측량도구 들이밀며 오해를 불러온
말끔하게 치장을 한 영혼으로 당신 앞에 다시 서리다

이젠 새 생명으로 살 일이다

고뇌에 찬 아우성이던 형제의 가슴이 되어주지 못한 자아
측은히 여김보다는 이론만으로 정죄를 일삼던
내 지난 허물을 벗고
주 예수그리스도의 나심과 죽으심과 다시 사심으로 나 거듭 나리라

블랙커피

블랙커피 한 잔 마신다
커피잔 속 잔 주름을 훅훅 불어내면
커피잔 속으로 난 통로가 보인다
이만한 길이라면
지난날 가슴을 치던 가난도
꽃 만개한 추억이 되겠지만
아직도 남아 지독하게 보채는 것은
영혼이 건조한 탓일 게다

갯마을에서 바람에 찍혔던 종아리
나무들도 속을 비워 고요한 낙하를 꿈꾸는 계절
방파재가 보이는 언덕에서 커피를 마시는 것조차도
내겐 사치처럼 느껴지던 시절이 있었다
잔을 내 오던 뭉그러진 손
그 손으로 빚은 그리움의 흔적이 있다
시럽처럼 커피잔 속으로 단단히 숨으려고 했는데
숨지 못하고 예까지 와서 나무 흔들리듯 시를 쓴다

밤

밤이 무서운 사람이 있다
밤이 즐거운 사람이 있다
밤으로부터 도망치고 싶은 사람이 있다
밤을 낮보다도 더 좋아하는 사람이 있다

눈 뜨지 못하는 밤
의식을 깨우지 못해서 애태우는 밤
누구를 그리워하는 것도 아닌 깊은 밤
추억을 지키고 싶어 하는 사람들이 꿈을 꾸는 공간이다

서로 애증의 거울을 닦는 밤
어여 지났으면 좋겠다 싶어 창문을 연다
밤새 부르던 너의 가락은 오늘도
꿈 하나 야물게 여물어 내 입 안으로 밀어 넣는다

밤을 밤이라고 부르는 사람이 헛기침을 한다
밤을 어둠이라 부르는 사람이 미소 짓는다
밤을 죽음이라고 부르는 사람이 고개 숙인다
둥근 달 하나 영혼의 가지 위에서 휘청거린다

오후

길을 나선 이는
기쁨으로 돌아온다
만선 되어 돌아오는 도톰한 가슴
풍경에 빠져 한 그루 나무가 된다
무거운 시선의 짓눌림
심장이 멎을지라도
바람이 부는 방향으로 돌아누우리라

미소는 지나온 날의 고단함을 잊게 하는 연가
강렬한 태양 빛보다도
미풍을 동반한 노을 진 긴 언덕에 자생하는 들풀

돌아온 길 위에 패인 발자국을 잇는다
궁색한 밥벌이보다야 낫다
변명보다야 비우고 돌아서는 마음 더 아름답다

아침형 인간 혹은 저녁형 인간
이들은 늘 주머니 가득 무엇인가로 가득 채우려고 한다
늦은 오후
이들의 지갑을 열지만

결코 마음은 열어 보이지 않는다
노을로 칭칭 감아도 역회전하는 시대의 현상을
젊은 의식의 눈으로 단단히 잠금장치를 한다

유고시

살아서 유고시를 읽는 것은 얼마나 슬픈 일이냐
아이스크림을 빨면서
섹스 스크린에 눈도장을 찍는
급여명세표 위 눈알 빠진 숫자를 들여다보듯
시집 위에 수북하게 쌓인
돌가루 쪼아 물고 몸부림하는
그 거침없는 시간들 속에
고스란히 남아 있는 것들은 모두 깊이 잠들어 있다

삶이
지지대 없이 흔들거리는 자모음뿐이라면
얼마나 지독한 아픔이겠는가

시비是非의 거리를 지나
발가벗은 몸으로 해수욕을 하듯
어느 한순간도 자유롭지 못한
한 끼의 밥상을 겨우 받았을 뿐인데
오늘처럼 시를 읽는 것만으로도
배가 불러 오는 것은 이상한 일이다
유고시를 남긴 시인의 자욱한 무덤 풀 사이에서

시가 새끼를 치는 까닭이다

마무리하는 말

헨리 데이빗 소로우와 랄프왈도 에머슨과의 대화 혹은 삶을 두고 한없이 부러워한 적 있다. 한 세기를 살면서 문학과 철학과 삶을 놓고 그렇게 아름다운 관계를 이루면서 살아온 사람이 있다는 것에 대한 경이로움이라 할까? 내내 부러움 속에서 다소 질투를 느낀 적 있다. 잠시 돌아다본다. 나의 삶은 시인으로서 사람들 혹은 사물과의 관계에 있어서 얼마만큼 충실하게 살아오고 있는가? 또한 아름다운 흔적을 남기고 있는가? 에 대한 자문에 이르게 된다. 세상이 이토록 혼란스럽고 인생의 가치를 잊고 살아감에는 시인들의 역할부재가 불러온 탓이 크다는 자책을 외면할 수가 없다. 고된 삶일지라도 그 가운데서 아름다움과 가치와 의로움과 진실된 관계의 망을 발견하고, 그 사이에 의미란 가교적 역할을 충실히해야 함이 신이 시인들에게 맡겨주신 소명이라고 여기면서 살아온 나다. 그러나 분명한 것은 그 역할을 다 하지 못한 탓으로 인하여 세상이 무질서해지고, 각종 아픈 상처가 남아 눈살을 찌푸리게 하는 등 불행의 씨앗을 파종하고 돌아서서 시치미를 떼고 드러누운 지옥의 악마와도 같은 현상을 낳고야 말았다.

이 부분에 대한 죄책을 다소 용서받기 위해서 주변에서 발견되는 원인들과 병리현상과 고뇌하는 독자들의 영혼과 일상적인 것들을 위해서 시적 현상으로 그려내고자 노력하였다. 그러나 또 돌아보면 부끄러움이 가시질 않는 것은 인간이 이 세상을 접하고 살아가는 데 있어서 부자유스러움이 깊게 내재해 있는 인성의 타락 때문이다. 그만큼 인간이 이 세상을 살면서 죄를 많이 지은 까닭이라고밖에 볼 수 없다.

이번 시집은 자연에서 소재를 얻은 것이 많다. 그러다 보니 혹시 자연에서 놀다가 돌아온 목동과도 같은 유유자적 또는 현실과의 괴리감의 의미로 읽힐지 모를 오해 또한 안고 있다. 그러나 자세히 읽어보면 자연의 소재를 빌려왔지만, 그 행간을 이루는 것은 인생의 아픔과 고뇌 그리고 속히 지워버리고 싶은 일상적인 흔적들을 깊이 있게 다루었음을 알게 될 것이다. 때론 의를 저해하고 부정과 부패로 일관하는 이들을 향한 회초리 작용으로 시적 언어를 욕보인 것을 보면 성실하고도 선하게 살아가는 독자들에게는 머리 숙여 사죄를 해야 할 사항이라고 할 수 있다.

요즘 시대는 시를 많이 읽지 않는 듯한 인상을 지울 수가 없다. 그래서 시를 쓴다는 것은 제 살을 깎는 고충이 따르고, 더욱이 깎은 제 살을 양지바른 곳에 묻는 행위까지 요청받는 잔

인한 행위의 과정일 수가 있다. 그러나 신으로부터 받은 소명이기에 이 길을 마칠 수야 없음이 왜? 라며 반문하는 이들을 향한 정중한 답변으로써 충분하리라고 본다. 최근에 너무나도 소중한 많은 사람들이 시인의 곁을 떠났다. 그래서 그런지 자연스럽게 시 작품에는 이별(떠남, 죽음, 가을 …)을 주제로 한 작품들이 많이 실려 있지 않나 싶다. 이런 작품 한 편 한 편을 보면서 시인 역시 나이 들어가고 있음을 느끼면서 좀 더 겸허하게 남은 삶을 살아야겠다는 작은 결심 하나 더 얹어 놓게 된다.

이 시대를 살아감에 있어서 시가 무엇인가? 묻는 사람도 대답하는 사람도 흔하지 않다. 그만큼 헬레니즘적인 사고의식이 지배하는 문명의 종으로 살아가는 시대이고 보니, 과연 시적 발상과 태도로서 살아간다고 자부할 이유도 없다. 다만 묵묵히 시인에게 주어진 삶을 동강내어서 일상적인 삶과 이상적인 삶과의 아름다운 조화를 이루면서 살아가는 일에 충실한 도구를 삼을 뿐이다. 이 시대를 살아가면서 가능한 한 시적인 언어를 많이 사용하고자 애를 쓰고 있다. 또한 시심을 가지고 사물을 대하고 사람을 대하려고 의도적인 마음을 가질 때가 흔하다. 그만큼 이 시대는 은어隱語와 약어略語, 의미를 구분 짓지 못하는 기호들로 인해서 순수한 모국어가 수난을 당하고 있음을 본다. 어디 이뿐이겠는가? 언어는 그 시대의 인심을 반영한다고 했다. 그런 면에서 볼 때 요즘 발생하고 있는 각종 인륜을 훼방하면서까지 자행되는 범죄현상과 결코 무관치 않다는 것이 시인의 주장이다. 그런 까닭에 언어의 조탁, 언어의 조련사 운운하여 명분만을 가지고서 살아가는 모습을 시급하게 지양하여 시인의 순전하고도 의로운 사상을 세상에 접목시키면서 살아가는 일에 최선을 다해야 하리라 본다. 또한 정확하게 세상을 직시할 수 있는 시의 직감으로의 회복이 절실하다고 하겠다. 부끄러운 마음으로 한 권의 시집을 세상에 내놓지만 그래도 함께 공감하며 아파하고 기뻐하며 행복과 불행을 나누어질 독자들이 있는 까닭에 기도하는 마음으로 출간을 결심한다. 이렇게 해서라도 내려놓지 않으면 새로운 작품의 살이 오르지 않을 것 같기에 눈 딱 감고 출간을 한다. 이 글을 읽는 독자들에게 행복과 기쁨과 가치적 의미가 가득하기를 바라면서 발문에 갈음한다.

문학의전당 · 신작시집
몸 이별

초판인쇄 2010년 11월 23일
초판발행 2010년 11월 26일

지 은 이 이충재
펴 낸 이 김충규
펴 낸 곳 **문학의전당**
출판등록 제387-2003-00048호(2003년 9월 8일)

주 소 121-718 서울특별시 마포구 공덕2동 404번지 풍림VIP빌딩 202호
전화번호 02-852-1977
팩시밀리 02-852-1978
블 로 그 http://blog.naver.com/mhjd2003
전자우편 mhjd2003@naver.com

ISBN 978-89-93481-75-4 03810